영어

힐링

노트

영어 힐링 노트

하루 10분 행복을 쓰는 시간 · 감성 필사

지은이 이보영
펴낸이 정규도
펴낸곳 (주)다락원

초판 1쇄 발행 2022년 12월 24일
초판 2쇄 발행 2023년 2월 22일

총괄책임 허윤영
책임편집 김은혜
디자인 지완
이미지 shutterstock

다락원
주소 경기도 파주시 문발로 211
내용문의 (02) 736-2031 내선 522
구입문의 (02) 736-2031 내선 250~252
Fax (02) 732-2037

출판등록 1977년 9월 16일 제406-2008-000007호

값 16,000원
ISBN 978-89-277-0169-9 13740

http://www.darakwon.co.kr
다락원 홈페이지를 방문하시면 상세한 출판 정보와 함께 동영상 강좌, MP3 자료 등 다양한 어학 정보를 얻으실 수 있습니다.

하루 10분 행복을 쓰는 시간

영어
힐링
노트

감성 필사

40 life-changing messages

다락원

Everything's going to be okay.

모두 다 잘될 거예요.

안녕하세요. 이보영입니다.

제가 한 가지 고백을 하려고 합니다. 사실 제가 보기와는 다르게 낯을 많이 가리고 부끄러움도 많이 타며 상처받는 것을 너무나 두려워하는 소심한 성격의 소유자라는 것을 말이죠. 사회에서 사람들이 저에게 기대하는 모습과는 다른 이런 성격 때문에 버거워서 자주 혼자 끙끙 앓기도 했습니다. 그래서 어느 순간부터 속상한 일이 있을 때 제 마음을 다스리기 위해 일기를 쓰기 시작했어요. 나를 힘들게 했던 일, 위로를 받았던 일, 내일부터 다시 시작하자는 각오와 힘이 되는 좋은 글귀까지 한 줄이라도 쓰고 나면 마음이 편해졌어요. 누가 볼까 신경 쓰지 않고 오롯이 나만을 위해 용기를 주는 글을 쓰는 것은 제가 오랫동안 영어 교육가로 여러 활동을 이어오는 데 정말 큰 힘이 되어 주었습니다. 그래서 언젠가는 내가 용기를 얻었던 글로 누군가에게 도움을 줄 수 있으면 좋겠다는 생각을 하게 되었어요.

저는 오랜 시간 영어를 가르치면서 정말 많은 사람을 만났습니다. 어린이, 학생, 직장인, 학부모, 취업 준비생, 어르신까지 모두 저마다의 고민을 안고 있었죠. 이 책은 그런 고민을 안고서도 매일 힘을 내어 살아가고 있는 여러분에게 띄우는 저의 응원 편지입니다. 제 경험을 토대로 때로는 남을 보며 질투하고 상처받고 화를 내며 조바심을 내고 원망도 하는 그 모든 모습도 내가 안고 가야 하는 자신의 일부이며, 그런 모습 때문에 잘못되지 않을 거라는 말을 여러분께 들려주고 싶었습니다.

You are enough, just as you are.

당신의 있는 그대로의 모습으로도 충분해요.

예전보다 열린 사회가 되었지만 또 한편으로는 그 어느 때보다 서로가 서로에게 두꺼운 막을 치며 살아가고 있다는 생각을 합니다. 그런데 이 책을 쓰면서 틈만 나면 가만히 나와 내 주변 사람을 들여다보는 시간이 많아졌고, 그 과정에서 저는 이루 말할 수 없는 큰 위안을 얻고 힐링이 되는 것을 느꼈습니다. 그래서 이 마음의 평안을 많은 분께 꼭 전하고 싶습니다.

하루 10분만 시간을 내어 주세요. 여러분을 위로하고 용기를 주는 글을 읽고, 듣고, 그리고 따라 쓰면 마음의 안정을 찾고 잠시라도 편안해질 거예요. 힘들고 지친 우리에게 이 책이 필사하는 즐거움과 더불어 조금씩이라도 계속 앞으로 나아갈 힘을 주는 작은 비타민이 되기를 간절히 소망합니다. 또 영어도 놓칠 순 없겠죠? 40개의 힐링 메시지에서 뽑은 실용적인 영어 표현과 패턴도 부담 없이 학습하세요. 든든한 영어 실력 또한 얻게 되실 거예요.

이렇게 내 마음을 들여다보고 솔직한 글을 쓰는 것은 생각보다 어려워서 고민이 길어지기도 했습니다. 그럴 때마다 다락원 편집자 분들을 비롯해 여러 친구와 가족들의 조언이 크나큰 도움이 되었죠. 이런 기회를 주신 모든 분께 진심으로 감사 드립니다.

오늘도 위안을 구하고 또 찾아가고 있는
영어 교육가 이보영 드림

차례

WEEK 1

**수고했어요,
오늘도**

1 월 화 수 목 금 토 일 나의 일주일 • 12
2 집으로 돌아가는 길 • 16
3 매일 나를 웃게 하는 것 • 20
4 알 수 없는 내일을 기다리며 • 24
5 감사하는 마음 • 28
오늘도 감사합니다 • 32

WEEK 2

**시간이
해결해 주는 일**

6 아무리 힘들어도 이 또한 지나가리라 • 34
7 문 앞의 두려움은 아무 힘도 없다 • 38
8 가끔은 게을러도 괜찮아 • 42
9 인연의 실을 자를 때 • 46
10 다시 돌아오기 위해 도망쳐요 • 50
타임머신을 탈 수 있다면 • 54

WEEK 3

**오늘부터
나를 사랑하기**

11 질투심이 나를 괴롭힐 때 • 56
12 내가 선택한 달콤한 외로움 • 60
13 나를 알아가는 길 • 64
14 생각보다 어려운 나를 사랑하는 일 • 68
15 지금 당장 해야 할 일 • 72
비울 것과 채울 것 • 76

WEEK 4

**위로가
필요할 때**

16 완벽한 사람은 없다 • 78
17 위로가 필요한 그냥 그런 날 • 82
18 가끔은 미친 짓을 해 보는 것도 좋다 • 86
19 아프지만 소중한 조언 • 90
20 내 삶에 거리 두기 • 94
나만의 스트레스 해소법 • 98

WEEK 5

**나를 믿는
습관**

21 나의 구원자는 바로 나 자신 • 100

22 나를 위한 작은 습관 • 104

23 다음 기회를 기다리며 • 108

24 언젠가 결국 해낼 날이 온다 • 112

25 목표는 세우는 순간부터 이루어지기 시작한다 • 116

반드시 달성할 나의 목표 • 120

WEEK 6

**다시,
사랑하라**

26 당신이라는 모험 속으로 뛰어들게요 • 122

27 사랑은 이상해 • 126

28 나를 위해 주는 사람이 있다 • 130

29 슬프지만 여기까지 • 134

30 여전히 보고 싶은 마음을 감싸 안으며 • 138

내가 가장 사랑하는 것 • 142

WEEK 7

**작지만
위대한 도전**

31 저질러요, 지금 당장! • 144

32 하늘도 나를 도울 거예요 • 148

33 안개 낀 날에는 한 걸음씩만 앞으로 • 152

34 위험을 감수할 각오 • 156

35 오늘은 '들어 주는 날' • 160

하나씩 도전해 보세요 • 164

WEEK 8

**그래도
인생은 아름답다**

36 '지금 그리고 여기'에 집중하기 • 166

37 모두 다른 행복의 모습 • 170

38 나는 내 삶을 쓰는 작가 • 174

39 쿨하게 산다는 건 • 178

40 오늘보다 한 뼘 더 나은 나 • 182

나만의 버킷리스트 • 186

필사하고 싶은 영어 명언 12 • 188

Capital Letters

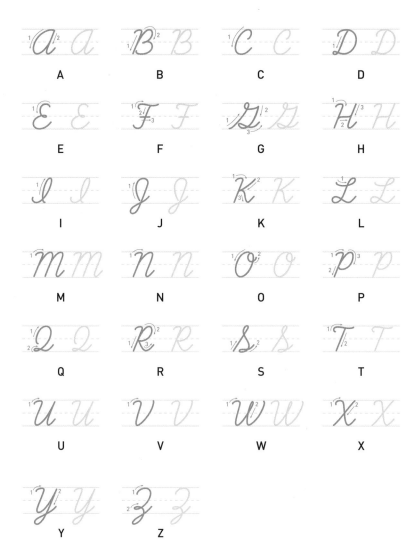

A

B

C

D

E

F

G

H

I

J

K

L

M

N

O

P

Q

R

S

T

U

V

W

X

Y

Z

Small Letters

a

b

c

d

e

f

g

h

i

j

k

l

m

n

o

p

q

r

s

t

u

v

w

x

y

z

WEEK 1

수고했어요,
오늘도

월 화 수 목 금 토 일
나의 일주일

On Monday,
I drag myself out of the bed and go off to work.
This long week of 7 days has just started,
and I feel worn out already.
But I will carry on through the week
looking forward to the weekend.
I know it will be Saturday in no time,
and I will cherish it in the sweetest way.
Yay, go for it!

월요일, 억지로 침대에서 빠져나와 회사에 갑니다.
7일 동안의 길고 긴 일주일이 이제 막 시작됐는데
벌써부터 지치는 기분이에요. 하지만 나는 주말을 기다리고 기대하며
한 주를 견뎌낼 거예요. 눈 깜빡할 사이에 토요일이 될 것이고
나는 주말을 달콤하게 만끽할 거랍니다.
그래, 한번 가 보자!

🌸 읽고, 듣고, 쓰기

🌸 필기체 쓰기

But I will carry on through the week looking

forward to the weekend.

worn out 녹초가 된   *cherish* ~을 소중히 하다   *go for* ~을 위해 노력하다

I feel... already.
나는 벌써 ~한 느낌이에요

I feel hungry **already.**

벌써 배가 고프네요.

I feel sad **already.**

나는 벌써 슬퍼져요.

I feel excited **already.**

벌써 신이 나네요.

I feel better **already.**

벌써 기분이 좋아지는데요.

I feel melancholy **already.**   *melancholy* 우울한

벌써 기분이 울적해지네요.

 써 보기

I feel   already.

14

Yay, go for it!

그래, 한번 가 보자!

집으로 돌아가는 길

Although this is the same old way
leading to my home,
somehow it feels a bit different today.
Maybe it's just me all worn out
from a long, hard day's work.
Only the moonlight seems to keep me company.
It is cheering me up and saying that I am a survivor.
I am a survivor. I've survived another day.
When I get home, I will wrap up the day by
celebrating with soul food and
my favorite TV show.

매일 똑같은 귀갓길인데 오늘은 왜 그런지 조금 다르게 느껴져요.
어쩌면 길고 힘들었던 하루를 보낸 탓에 내가 너무 지쳐서 그럴까요.
달빛만이 내 옆에 있어 주는 것 같아요.
나에게 힘을 불어넣어 주고 '버텨 낸 사람'이라고 말해 주네요.
나는 오늘을 버텨 낸 사람이에요. 하루를 더 이겨 냈어요.
그러니 집에 가서 좋아하는 음식을 먹고 좋아하는 TV 쇼를 보고
자축하면서 하루를 정리할 거예요.

읽고, 듣고, 쓰기

필기체 쓰기

It is cheering me up and saying that I am a survivor. I am a survivor. I've survived another day.

company 함께 있는 사람 *survivor* 역경을 이겨 낸 사람 *wrap up* ~을 마무리 짓다

Maybe it's just me, …
어쩌면 나만 그런가 봐요

Maybe it's just me, but it's unusually cold today.
나만 그런 건지도 모르겠는데 오늘 유난히 춥네요.

Maybe it's just me, but I feel so hungry already.
벌써 배가 고픈데 나만 그런가요.

Maybe it's just me, but I think the movie was a flop.
나만 그렇게 느낄 수도 있지만 그 영화는 졸작이었던 것 같아요.

Maybe it's just me, but I think there's something wrong.
나만 그런 건지 몰라도 뭔가 잘못된 것 같은 느낌이에요.

Maybe it's just me, but I think there's someone in this house.
나만의 생각일지도 모르겠는데 이 집에 누군가 있는 것 같아요.

 써 보기

Maybe it's just me,

18

Only the moonlight
seems to keep me company.

달빛만이 내 옆에 있어 주는 것 같아요.

매일 나를 웃게 하는 것

♦ ♦ ♦

Try keeping a daily record of things
that make you happy.
They can be about whatever
makes you smile that day.
It doesn't matter how trivial it may be.
Those little events matter:
like a flower you noticed on the street,
your subway train arrived right on time…
Count your small blessings and keep carrying on.
**Who knows? Maybe tomorrow will add another
small wonder to make it a better day.**

당신을 행복하게 하는 것들을 매일 기록해 보세요.
그날에 당신을 웃게 만든 것은 무엇이든지 말이죠.
아무리 사소한 거라도 상관없어요. 그 작은 일들이 소중하니까요.
가령, 길에서 발견한 꽃 한 송이나 제시간에 도착한 지하철 같은 그런 거요.
당신에게 일어난 작은 축복을 세어 가면서 계속 열심히 살아가는 거예요.
누가 아나요? 작지만 놀라운 일이 또 하나 더해져서
내일이 더 좋은 날이 될지요.

🌸 읽고, 듣고, 쓰기

🌸 필기체 쓰기

Who knows? Maybe tomorrow will add another small wonder to make it a better day.

trivial 사소한　*matter* 중요하다　*notice* ~을 알아차리다　*carry on* 계속해 나가다

21

Try -ing...
한번 ~해 보세요

Try learning English with this book.
이 책으로 영어를 공부해 보세요.

Try baking a cake.   *bake* (빵 등)을 굽다
케이크를 한번 구워 보세요.

Try exercising every day.
매일 운동을 해 보세요.

Try using this system.
이 시스템을 사용해 보세요.

Try shopping online.
온라인으로 쇼핑을 해 보세요.

 써 보기

Try _____

_____

Those little things that make you happy.

당신을 행복하게 만드는 그런 작은 것들.

알 수 없는 내일을 기다리며

◆ ◆ ◆

Who knows what tomorrow brings?
I may win the lotto.
My dearest friend may turn into my worst enemy.
Just the thought of it makes me scared.
But isn't that what makes life worth living?
Life is full of all kinds of surprises.
So I can't wait to find out
what tomorrow has in store for me.
See you all tomorrow.

내일 어떤 일이 있을지는 아무도 모르죠.
어쩌면 내가 로또에 당첨될지도 몰라요.
어쩌면 내가 가장 사랑하는 친구가 최악의 적이 될 수도 있겠죠.
이런 생각만으로도 무섭네요.
하지만 그런 점 때문에 인생은 한번 살아볼 가치가 있는 거 아니겠어요?
삶에는 온갖 놀라움이 가득하니까요.
그래서 나는 내일 어떤 일이 일어날지 정말 궁금해요.
우리 모두 내일 만나요.

🌸 읽고, 듣고, 쓰기

🌸 필기체 쓰기

So I can't wait to find out what tomorrow has in store for me. See you all tomorrow.

turn into ~로 변하다　*in store for* ~를 위해 준비한

Just the thought of it makes me...

그 생각만으로도 나는 ~해요

Just the thought of it makes me sad.

그 생각만으로도 슬퍼지네요.

Just the thought of it makes me feel uncomfortable.

그 생각만으로도 불편하게 느껴져요.

Just the thought of it makes me sweat.

나는 그 생각만으로도 땀이 나요.

Just the thought of it makes me nervous.

그 생각만으로도 전 긴장하게 돼요.

Just the thought of it makes me angry.

그 생각만으로도 저는 화가 나요.

 써 보기

Just the thought of it makes me

Who knows what tomorrow brings?
Life is full of all kinds of surprises.

내일 어떤 일이 있을지는 아무도 몰라요.
인생에는 온갖 놀라움이 가득하죠.

05

감사하는 마음

◆ ◆ ◆

I am thankful…
to the man at work for holding the elevator for me;
to my friend for getting me a nice coffee;
to the bus driver for responding nicely to my *hello*.
Every day, we can be grateful to someone or something
for a good reason.
Recalling at least three such things
shouldn't be that hard.
Besides, gratitude will completely change
your day and your life as a whole.

나를 위해 엘리베이터를 잡아 준 회사 직원에게 감사합니다.
나에게 맛있는 커피를 사 준 친구에게 고마워요.
제 인사를 친절하게 받아 준 버스 기사님에게 감사합니다.
우리는 매일 누군가, 무언가에게 그 나름의 이유로 감사한 마음을 가질 수 있어요.
그런 일을 적어도 세 가지쯤 떠올리는 건 그렇게 어렵지 않을 거예요.
그뿐인가요. 감사하는 마음은 당신의 일상과 인생을 완전히 바꿔 줄 거예요.

🌸 읽고, 듣고, 쓰기

🌸 필기체 쓰기

Besides, gratitude will completely change your
day and your life as a whole.

grateful 감사하는 *recall* ~을 기억해 내다 *gratitude* 감사하는 마음

I am thankful to...

저는 ~에게 감사해요

I am thankful to my parents.

저는 부모님께 감사해요.

I am thankful to my colleagues.   *colleague* 회사 동료

제 동료들에게 감사합니다.

I am thankful to the readers of this book.

이 책의 독자 분들께 감사를 드립니다.

I am thankful to my subscribers.   *subscriber* 구독자, 유료 회원

제 구독자 분들께 감사해요.

I am thankful to my friends.

내 친구들에게 고마워요.

 써 보기

I am thankful to

Every day,
we can be grateful
to someone
or something for
a good reason.

우리는 매일 누군가,
무언가에게 그 나름의 이유로
감사한 마음을 가질 수 있어요.

오늘도 감사합니다

가만히 주위를 둘러보면 하루 동안에도 감사한 일이 많이 생깁니다.
오늘은 무엇에 감사한지 적어 보세요.

나는 오늘 _____ 에 감사합니다.

- 항상 먼저 밝게 인사해 주는 회사 동료

- 친구가 선물해 줬던 따뜻한 차 한 잔

- 하루 일과를 잘 마친 나 자신

-

-

-

-

WEEK 2

시간이
해결해 주는 일

아무리 힘들어도
이 또한 지나가리라

This, too, shall pass.
Everything is fleeting.
Either good or bad.
Looking back, you may feel that
everything seems so small and frivolous.
Why waste your breath over it?
There's no need to hold grudges.

이 또한 지나갈 거예요.
좋은 일이든 안 좋은 일이든
모든 것은 스쳐 지나가기 마련이거든요.
돌아보면 모든 게 하찮고 별거 아니었다고 생각할지도 몰라요.
뭐 하러 그런 데 기운을 낭비하나요?
마음에 앙금을 품고 있을 필요도 없는걸요.

🌸 읽고, 듣고, 쓰기

🌸 필기체 쓰기

This, too, shall pass. Everything is fleeting.

Either good or bad.

---

fleeting 잠깐 동안인 *frivolous* 쓸데없는 *waste one's breath* 쓸데없는 말을 하다 *grudge* 앙심, 원한

There's no need to...
~할 필요가 없어요

There's no need to complain.

불평을 할 필요가 없어요.

There's no need to hurry.

서두를 필요가 없어요.

There's no need to hesitate.

주저할 필요가 없어요.

There's no need to wait any longer.

더 이상 기다릴 필요가 없어요.

There's no need to buy so much water now.

지금 물을 그렇게 많이 사 둘 필요는 없어요.

 써 보기

There's no need to

This, too, shall pass.

이 또한 지나가리라.

문 앞의 두려움은
아무 힘도 없다

Am I scared? What am I scared of?
If I can fight back,
I will gladly take on the challenge.
If I don't feel like fighting back,
then I can just walk away.
Either way, I'm okay. **I always have options.**
90% of my worries don't really
even happen at all, they say.
So I will just cross each bridge
when I come to it.

나는 두려운 걸까요? 무엇이 두려운 걸까요?
맞서 싸울 수 있다면 난 기꺼이 도전에 응하면 되고
싸우고 싶지 않다면 그냥 지나쳐 가면 되는데 말이에요.
어떤 경우라도 난 괜찮아요. 나에게는 늘 선택지가 있으니까요.
사람들은 내가 걱정하는 일의 90%는 전혀 일어나지 않는다고 말해요.
그러니 그런 일이 닥치면 그때 가서 걱정할래요.

🌸 읽고, 듣고, 쓰기

🌸 필기체 쓰기

I always have options. So I will just cross each bridge when I come to it.

---

fight back 맞서 싸우다   *take on* ~을 맡다, ~와 대결하다   *cross* ~을 건너다

I will gladly...

나는 기꺼이 ~할 거예요

I will gladly help you.

나는 기꺼이 당신을 도울 거예요.

I will gladly keep you company.

나는 기꺼이 당신 옆을 지킬 거예요.

I will gladly be there for you. *be there for* ~의 곁에서 힘이 되다

나는 기꺼이 당신의 곁에서 힘을 보탤 거예요.

I will gladly take the offer. *offer* 제안

나는 그 제안을 흔쾌히 받아들일 거예요.

I will gladly listen to your story.

나는 기꺼이 당신의 이야기를 들을 거예요.

 써 보기

I will gladly

No need to fear.
Open the door.

두려워할 필요 없어요. 문을 열어요.

가끔은
게을러도 괜찮아

♦ ♦ ♦

Today was another lazy day.
Time went by so slowly.
I didn't feel like doing anything.
I wonder if that is a sin.
Not really.
It's not like I'm wasting my life at all.
**Rather, I'm just taking time to
listen to myself.**

오늘도 또 게으른 하루였어요.
시간이 참 느리게 흘러갔어요. 난 아무것도 하고 싶지 않았죠.
궁금해지네요. 혹시 이게 큰 잘못인 걸까요?
그렇지는 않아요.
난 내 삶을 낭비하고 있다거나 그런 게 전혀 아니거든요.
오히려 난 나 자신에게 귀 기울일 시간을
내고 있는 거랍니다.

읽고, 듣고, 쓰기

필기체 쓰기

Rather, I'm just taking time to listen to

myself.

---

lazy 게으른 *sin* 죄, 잘못 *rather* 오히려, 반대로

I didn't feel like -ing...
나는 ~할 기분이 아니었어요

I didn't feel like cooking.

나는 요리하고 싶은 기분이 아니었어요.

I didn't feel like working out.   *work out* 운동하다

나는 운동을 하기 싫었어요.

I didn't feel like calling him.

그에게 전화하고픈 마음이 들지 않았어요.

I didn't feel like going out.

외출을 별로 하고 싶지 않더라고요.

I didn't feel like cleaning the house.

나는 집을 치울 기분이 아니었어요.

 써 보기

I didn't feel like

I'm just listening to myself.

난 그냥 내 목소리를 듣고 있어요.

인연의 실을 자를 때

◆　◆　◆

I know the world is not filled only with angels.
Unfortunately, there are some
truly bad people out there, too.
I never wanted to believe that,
but that is true.
So what can we do?
Just cut off those toxic people from your life.
Only then can we finally
start making new and better connections.

이 세상에 천사처럼 착한 사람만 있는 것은
아니란 걸 나도 알고 있어요.
안타깝지만 세상에는 정말 나쁜 사람들도 있더라고요.
그렇게 믿고 싶지 않았지만 그게 진실이니까요.
그렇다면 어떻게 할까요?
그냥 당신의 삶에 독이 되는 사람들은 잘라버리세요.
그래야만 새롭게 더 좋은 관계를 만들어 갈 수 있어요.

🌸 읽고, 듣고, 쓰기

🌸 필기체 쓰기

Just cut off those toxic people from your life.

unfortunately 유감스럽게도   *toxic* 독성인   *connection* 관계

... be filled with...
~로 가득 차 있다

This room **is filled with** smoke.

이 방 안은 연기로 가득 찼네요.

The book **is filled with** great stories.

그 책에는 훌륭한 이야기들이 가득해요.

My heart **was filled with** excitement.

내 마음이 흥분으로 가득했어요.

The air **was filled with** a terrible smell.   *terrible* 끔찍한

공기에 나쁜 냄새가 가득했어요.

The letter **was filled with** anger.

그 편지에는 울분이 가득했어요.

 써 보기

filled with

Life is C(choice) between
B(birth) and D(death).

인생은 탄생과 죽음 사이에서 하는 수많은 선택들로 이루어진다.

• Jean Paul Sartre

다시 돌아오기 위해 도망쳐요

◆ ◆ ◆

There are times when nothing seems to go right.
When you feel like letting your hair down
and forgetting about it all,
that's when you recharge yourself
for the next round.
So why don't you just switch off for a while
and get away from it all?
You'll come back tomorrow anyway.
**So just run, run away from it all today
so that you can come back in better shape
tomorrow.**

◆

모든 게 꼬여버린 것 같은 시기가 있어요.
당신이 모든 것을 편히 내려놓고 전부 잊어버리고 싶다고 느낄 때,
그때가 바로 다음을 위해 기운을 충전할 시기인 거예요.
그러니 잠깐만 스위치를 끄고 그 모든 것에서 벗어나면 어떨까요?
어쨌든 당신은 내일 다시 돌아올 거니까요.
그러니 오늘은 모든 것으로부터 도망쳐요.
내일 더 나은 모습으로 돌아오기 위해서.

🌸 읽고, 듣고, 쓰기

🌸 필기체 쓰기

So just run, run away from it all today so that you can come back in better shape tomorrow.

---

let one's hair down 편하게 쉬다   *switch off* 전원/신경 등을 끄다   *shape* 형태, 모습

You can...
당신은 ~하면 돼요

You can make a U-turn here.

여기에서 유턴을 하면 돼요.

You can always come back.

언제라도 돌아오면 되죠.

You can stay here as long as you want.

당신이 원하는 만큼 여기에 있어도 돼요.

You can use any computer here.

여기 있는 어떤 컴퓨터든지 쓰셔도 됩니다.

You can ask the person at the info desk.

안내 데스크에 있는 분에게 물어보시죠.

 써 보기

You can

So why don't you
just switch off for a while
and get away from it all?

그러니 잠깐만 스위치를 끄고
그 모든 것에서 벗어나면 어떨까요?

타임머신을 탈 수 있다면

타임머신을 탈 수 있다면 과거나 미래 어디로 가고 싶나요?
그 시간으로 가서 하고 싶은 일,
만나고 싶은 사람 등을 자유롭게 적어 보세요.

· **가고 싶은 시간에 체크하세요.**

(과거)   (미래)

· **구체적으로 언제인가요?**

· **왜 그 시기로 가고 싶나요?**

· **거기에서 누구를 만나고 싶나요?**

· **거기에서 어떤 일을 하고 싶나요?**

WEEK 3

오늘부터
나를 사랑하기

질투심이 나를 괴롭힐 때

♦ ♦ ♦

When you look at other people's lives
on social media, what catches your eye first?
Their fancy bags and big cars?
Sometimes those pictures get me down,
leaving me green with envy.
But do I really need those things to live a good life?
**I am already a great person
who doesn't need those decorations
to look good.**

타인의 삶을 SNS로 들여다볼 때 무엇이 가장 먼저 눈길을 끄나요?
그들의 비싼 가방과 커다란 자동차?
그런 사진은 때때로 나를 기운 빠지게 해요. 질투를 느끼게도 하고요.
하지만 내가 잘 살기 위해 그런 것들이 정말로 필요할까요?
난 이미 훌륭한 사람이에요.
멋있게 보이기 위해서 그런 장식이 굳이 필요하지 않죠.

🌼 읽고, 듣고, 쓰기

🌼 필기체 쓰기

I am already a great person who doesn't need those decorations to look good.

---

fancy 고급인   get ~ down ~를 우울하게 하다   green with envy 몹시 질투하는

... get me down.
~는 내 기운을 빠지게 해요

Sad movies get me down.
난 슬픈 영화를 보면 기분이 처져요.

Mean people get me down.   *mean* 못된
심술궂고 못된 사람들이 내 기운을 빠지게 해요.

Rainy days get me down.
비 오는 날에는 기분이 처져요.

Cloudy weather gets me down.
난 구름 낀 날씨에는 기운이 나지 않아요.

Tragic news gets me down.
비극적인 소식은 기운을 빠지게 하죠.

 써 보기

get me down.

If you want to get over jealousy,
just keep your eyes closed for a moment.

질투심을 극복하고 싶다면 잠시 눈을 감으세요.

내가 선택한 달콤한 외로움

Sometimes I feel like an island.
All the others seem so far away,
having their own little party.
It would be nice if I could mingle with them.
But for now,
I choose to be here on the outside,
fully enjoying my own little peace and quiet.
Me here and you there,
we keep cheering for each other.

가끔은 내가 섬이 된 것 같아요.
다른 사람들은 모두 아주 멀리 떨어져서
자기들만의 소소한 파티를 하고 있는 느낌.
내가 그들과 섞일 수 있다면 좋겠지만 지금은 바깥 쪽인 여기에 있기로 해요.
나만을 위한 평화와 고요함을 오롯이 즐기면서요.
나는 여기에서, 당신은 거기에서
우리는 그렇게 서로를 계속 응원하는 거죠.

🌸 읽고, 듣고, 쓰기

🌸 필기체 쓰기

But for now, I choose to be here on the outside,

fully enjoying my own little peace and quiet.

mingle 사람들과 어울려 이야기를 나누다   *for now* 우선은, 지금 당장은

It would be nice if I could...
내가 만일 ～할 수 있다면 좋을 거예요

It would be nice if I could be there with you.

그곳에 당신과 함께 있을 수 있다면 좋을 텐데 말이죠.

It would be nice if I could join you for dinner.

당신과 저녁을 같이 먹을 수 있다면 좋겠죠.

It would be nice if I could hang out with you.

내가 당신과 어울리며 시간을 보낼 수 있다면 좋을 거예요.

It would be nice if I could have today off.

오늘 내가 하루 쉴 수 있다면 좋을 텐데요.

It would be nice if I could go on a trip.

내가 여행을 갈 수 있다면 좋을 텐데요.

 써 보기

It would be nice if I could

Sweet Solitude

달콤한 외로움

나를 알아가는 길

◆ ◆ ◆

"Know thyself," said Socrates.
What do I like the most? What do I hate the most?
What are some of my pet peeves?
**Exploring what kind of person I am
can be quite a journey.**
The answers are not to be easily found.
Along the journey, I shall be able to figure out
whom I can turn to.
Eventually, I will be a big enough person
to be fully responsible for my own choices.

"너 자신을 알라" 소크라테스가 말했죠.
나는 무엇을 가장 좋아할까? 무엇을 가장 싫어하지?
내가 너무 짜증나서 못 견디는 건 뭘까? 내가 어떤 사람인지를 탐구하는 건
대단한 여정일 거예요. 정답도 쉽게 찾을 수 없을 거고요.
그 여정을 따라가다 보면 내가 의지할 수 있는 사람이 누군지 깨닫게 되겠죠.
그리고 마침내 나는 내 선택을 완벽하게 책임질 수 있을 만큼
큰 사람이 되어 있을 거예요.

01

🌸 읽고, 듣고, 쓰기

🌸 필기체 쓰기

Exploring what kind of person I am can be quite a journey.

thyself 그대 자신　*pet peeve* 몹시 짜증나는 것　*turn to* ~에게 의지하다

What do... the most?

무엇을 가장 ~하나요?

What do you want **the most?**

당신은 무엇을 가장 원하나요?

What do you miss **the most?**

당신은 뭐가 가장 그리운가요?

What do you not like **the most?**

당신이 가장 좋아하지 않는 건 뭔가요?

What do you want to do **the most?**

당신이 가장 하고 싶은 게 뭔가요?

What do you enjoy **the most?**

당신은 무엇을 가장 즐기나요?

 써 보기

What do   the most?

I want to know myself.

나는 '나'를 알고 싶어요.

생각보다 어려운
나를 사랑하는 일

‣ ‣ ‣

Loving myself and taking myself as I am
might not be as easy as it sounds.
On the contrary, you might find it
easier to love others.
I'm not saying we should love every bit of ourselves
no matter what.
Rather, we need to focus on our strengths,
face the consequences,
and believe in and root for ourselves.
That is my idea of loving myself.

나 자신을 사랑하고 있는 그대로 받아들이는 건 말처럼 쉽지 않을지도 몰라요.
차라리 반대로 다른 사람을 사랑하는 게 더 쉽다고 생각할 수도 있겠죠.
자신의 모든 면을 무조건 사랑해야 한다는 말은 아니에요.
그보다는 자신의 강점에 집중하고, 결과를 마주보며, 스스로를 믿고 응원하자는 거지요.
그게 제가 생각하는 자신을 사랑하는 방법입니다.

읽고, 듣고, 쓰기

필기체 쓰기

Rather, we need to focus on our strengths, face the consequences, and believe in and root for ourselves.

strength 장점 **face** ~을 직시하다 **consequence** 결과 **root for** ~을 응원하다

02

That is my idea of...

그게 ~에 대한 내 생각이에요

That is my idea of enjoying vacation.

그게 내가 생각하는 휴가를 즐기는 방식이에요.

That is my idea of taking care of ourselves.

내가 생각하는 자신을 돌보는 방식은 바로 그런 거예요.

That is my idea of working hard.

그게 열심히 일하는 것에 대한 내 생각이에요.

That is my idea of having fun.

그게 내가 생각하는 재미있게 노는 법이에요.

That is my idea of having a great weekend.

그게 내가 생각하는 좋은 주말을 보내는 방법이에요.

 써 보기

That is my idea of

I like myself.
I'm an interesting person.

난 내가 좋아. 난 흥미로운 사람이거든.

지금 당장 해야 할 일

Stop comparing myself to others.
Stop saying, "I knew I couldn't do it.
What did I expect?"
Slouch no more. Keep looking straight ahead.
Write down my 3 biggest strengths.
Think of the ones who love me.
Set up a weekly plan.
Mark on the map the places
that I'd love to visit someday.
Turn off the phone and TV
and just listen to my inner voice.

남과 나를 비교하지 않기
"내가 그렇지 뭐. 난 대체 뭘 기대했을까?"라고 말하지 않기
몸을 움츠리지 않기, 계속 앞을 똑바로 보기, 나의 장점 세 가지 써 보기
나를 사랑해 주는 사람 떠올리기, 1주일 계획 세우기
언젠가 가 보고 싶은 장소를 지도에 표시하기
휴대폰과 TV를 모두 끄고 내 안의 소리에 집중하기

🌸 읽고, 듣고, 쓰기

🌸 필기체 쓰기

Stop comparing myself to others. Slouch no more. Keep looking straight ahead.

compare ~을 비교하다 *slouch* 자세가 구부정하다

73

Keep -ing...
계속 ~를 하세요

Keep going.

계속 앞으로 가세요. / 계속하세요.

Keep talking.

계속 말해 보세요.

Keep practicing your speech.   *practice ~을 연습하다*

당신의 연설 연습을 계속하세요.

Keep walking.

계속 걸어가세요.

Keep running.

계속 뛰세요.

 써 보기

Keep

Things
I need to do right now.

지금 당장 내가 해야 할 일들.

비울 것과 채울 것

고치고 싶은 안 좋은 버릇이나 습관 또는 성향을 적고,
오늘부터 하나씩 털어 버리기로 해요.
새로 시작하고 싶은 좋은 모습도 적어 보세요.

· 버리고 싶은 것 ·

머리카락을 계속
만지는 버릇

· 시작하고 싶은 것 ·

일할 때나
공부할 때
메모하는 습관

WEEK 4

위로가
필요할 때

완벽한 사람은 없다

◆ ◆ ◆

Did I make a stupid mistake?
Did I say something dumb?
How come I keep asking myself
those questions to make sure
that I didn't mess up?
It's all right. Nothing went wrong.
I did what I was supposed to do.
I don't have to act too careful around people.
After all, no one's perfect.

❦

내가 바보 같은 실수를 한 걸까?
내가 어리석은 말이라도 한 걸까?
어째서 나는 내가 잘못하지 않았다는 것을 확인하려고
이런 질문을 계속하는 건지….
괜찮아. 아무것도 잘못되지 않았어.
난 내가 해야 할 일을 했을 뿐이야.
남의 눈치를 보며 지나치게 조심할 필요는 없어.
어쨌든 완벽한 사람은 없으니까.

🌸 읽고, 듣고, 쓰기

🌸 필기체 쓰기

It's all right. Nothing went wrong. After all, no one's perfect.

---

dumb 멍청한　*make sure* ~라는 것을 분명히 하다　*mess up* 잘못하다

How come...?
어째서 ~인 걸까요?

How come you never called me?
어째서 나한테 전화를 안 했나요?

How come you're so late?
어쩌다가 이렇게 늦었나요?

How come I didn't know about this?
내가 왜 이걸 전혀 몰랐던 거죠?

How come you told him but not me?
어째서 당신은 그에게는 말을 하고 나한테는 안 했나요?

How come John didn't take the advice?
어째서 존은 그 조언을 받아들이지 않았던 걸까요?

 써 보기

How come

No one's perfect.

완벽한 사람은 없다.

위로가 필요한 그냥 그런 날

◆ ◆ ◆

So often I have to fight back tears
and try hard not to show any weakness.
Who would ever want to make themselves
look vulnerable?
It's just one of those days.
But tomorrow will be another day.
I did so well today,
and I will do well again tomorrow.
I'd like to give myself a pat on the back.
I deserve it.

나는 꽤 자주 울지 않으려고 노력해요.
그리고 약점을 보이지 않으려고 무던히도 애쓰죠.
그 누가 나약해 보이고 싶겠어요.
오늘은 그냥 그런 날 중 하루일 뿐이에요.
하지만 내일은 또 다른 하루가 될 거예요.
오늘 난 참 잘했고 내일도 잘할 거예요.
나는 내 등을 토닥여 주고 싶어요. 난 그럴 자격이 있으니까요.

🌸 읽고, 듣고, 쓰기

_____

_____

_____

_____

_____

_____

_____

_____

_____

🌸 필기체 쓰기

I'd like to give myself a pat on the back.

I deserve it.

_____

_____

weakness 약점   vulnerable 상처 받기 쉬운   pat 토닥거림

Who would ever want to...?
누가 ~하고 싶겠어요?

Who would ever want to do that?

이 세상 그 누가 그러고 싶겠어요?

Who would ever want to live here?

누가 여기에서 살고 싶겠어요?

Who would ever want to work here?

누가 여기에서 일하고 싶겠어요?

Who would ever want to be their friend?

누가 그들의 친구가 되고 싶어 하겠어요?

Who would ever want to talk with him?

누가 그와 얘기를 하고 싶어 하겠어요?

 써 보기

Who would ever want to

It's just one of those days.

오늘은 그냥 그런 날 중에
하루일 뿐이에요.

가끔은 미친 짓을
해 보는 것도 좋다

Life is one damn thing after another.
**So it wouldn't hurt if we do something
crazy once in a while,
like escaping from our boring routines.**
You might find yourself going overboard.
But what the heck. It won't hurt you that much.
Knock, knock.
You're only trying to wake yourself up.

인생은 지긋지긋한 일의 연속이에요.
그러니 가끔은 미친 짓을 해 보는 것도 나쁠 건 없겠죠.
지루한 일상에서 탈출하는 것 같은 일 말이죠.
어쩌면 당신은 너무 과하다고 생각할지도 몰라요.
근데 뭐 어때요. 큰일이 나는 것도 아닌데요.
똑똑.
당신은 그저 자신을 깨워 보려는 것뿐이에요.

＊ 읽고, 듣고, 쓰기

＊ 필기체 쓰기

It wouldn't hurt if we do something crazy once in a while, like escaping from our boring routines.

routine 일상　*go overboard* 과하다　*what the heck* 그래서 뭐, 알 게 뭐야

87

It wouldn't hurt if…

~해도 큰일이 나지는 않을 거예요

It wouldn't hurt if you give it a try.

한번 시도해 본다고 큰일이 나는 것도 아닌걸요.

It wouldn't hurt if we buy some more food.

우리가 음식을 조금 더 사도 나쁠 건 없을 거예요.

It wouldn't hurt if we eat out a little more often.

우리가 외식을 조금 더 자주 한다고 해도 나쁘지 않을 것 같아요.

It wouldn't hurt if we try a little harder.

우리가 조금 더 열심히 노력해도 좋을 것 같아요.

It wouldn't hurt if you listen to the advice.

당신이 조언을 듣는다 해도 나쁠 건 없잖아요.

 써 보기

It wouldn't hurt if

It's okay to act
a little crazy once in a while.

가끔은 조금 미친 짓을 해도 괜찮아요.

아프지만 소중한 조언

◆ ◆ ◆

Sometimes you need critical advice.
No one likes to hear advice.
**What you *want* to hear may not always
be the same as what you *need* to hear.**
You can get lost if you just keep following
those sweet words.
About those who'd bother you with bitter advice,
it would be better to keep them close to you.
In most cases, they're the ones
you need to grow up.
Take my word for it.

때로는 따끔한 충고가 필요하기도 해요.
사람은 누구나 충고를 듣기 싫어하지만요.
당신이 '듣고 싶은' 말과 당신에게 '필요한' 말이 항상 같은 건 아닐 수 있거든요.
그런 듣기 좋은 말만을 좇다 보면 가야 할 길을 잃을 수도 있어요.
쓴소리로 당신을 귀찮게 하는 사람들을 곁에 두는 게 더 좋아요.
당신이 성장하기 위해서 필요한 건 대개 그런 사람들이거든요.
제가 장담해요.

🌸 읽고, 들고, 쓰기

🌸 필기체 쓰기

What you want to hear may not always be
the same as what you need to hear.

---

critical 비판적인 *bitter* 쓴, 격렬한 *take one's word for it* 누구의 말을 믿다

It would be better to…

~하는 게 더 나을 거예요

It would be better to take the bus.

버스를 타는 게 더 나을 수도 있어요.

It would be better to ask first.

먼저 물어보는 게 더 나을 거예요.

It would be better to stay home.

그냥 집에 있는 게 더 나을 거예요.

It would be better to leave early.

일찍 떠나는 게 더 나을 겁니다.

It would be better to cancel the event.

행사를 취소하는 게 더 나을 거예요.

 써 보기

It would be better to

92

You can get lost if you
just keep following
those sweet words.

그런 듣기 좋은 말만을 좇다 보면 가야 할 길을 잃을 수도 있어요.

내 삶에 거리 두기

◆ ◆ ◆

Things may look quite different from a distance.
What they truly are may not be the same
as what they look like.
So when things look blurry,
why not try to keep a certain distance
from all those events in life?
Then you will feel more relaxed and
be able to save your tears for later, much later,
when the rain begins to fall.

멀리 떨어져서 보면 모든 일이 다르게 보일 수 있어요.
어떤 것은 사실 보이는 그대로가 진실이 아닐 수도 있죠.
그러니 시야가 흐릴 때 인생의 그 모든 일에서 일정 거리를 두어 보면 어떨까요?
그럼 당신도 훨씬 편해질 거예요.
그리고 당신의 눈물을 훨씬 나중을 위해 아껴둘 수도 있을 거예요.
상황이 정말 안 좋아질 때를 위해서 말이죠.

🌸 읽고, 듣고, 쓰기

🌸 필기체 쓰기

When things look blurry, why not try to keep

a certain distance from all those events in life?

---

blurry 흐릿한, 뿌연   *distance* 거리

Things look…
상황이 ~해 보여요

Things look pretty serious to me.

저한테는 상황이 꽤 심각해 보이네요.

Things look pretty positive to me.

내가 보기엔 상황이 꽤 긍정적입니다.

Things look gloomy right now.

지금 당장은 상황이 어두워 보여요.

Things look great!

아주 좋아 보이는 걸요!

Things look bleak. *bleak* 절망적인

상황이 암울해 보이네요.

 써 보기

Things look

Things may look quite different
from a distance.

멀리 떨어져서 보면 모든 게 다르게 보일 수 있어요.

나만의 스트레스 해소법

짜증나고 스트레스가 쌓일 때 어떻게 스트레스를 푸나요?
비어 있는 공간에 '나만의 스트레스 해소법'을 써 보세요.

매운 음식과
달콤한 디저트 먹기

따뜻한 물에 발을
담그고 피로 풀기

나에게
소소한 선물하기
(3만원 한도)

WEEK 5

나를 믿는
습관

나의 구원자는 바로 나 자신

◆ ◆ ◆

Do you sometimes feel that you're in need of help?
You should know that
only you can save yourself. No one else.
And it takes lots of courage to do that.
Anyone can be that courageous.
For sure, you are brave enough to break the shell
and see the world out there.
You may not be a superhero sent to save the world.
**But you are brave and strong enough to save
at least one person: yourself.**

가끔은 누군가 당신을 도와줬으면 좋겠나요?
다른 누구도 아닌 자신만이 스스로를 구할 수 있다는 걸 알아야 해요.
그러기 위해서는 큰 용기가 필요하다는 것도요.
사람은 누구나 그렇게 용감해질 수 있어요.
분명 당신에게는 껍질을 깨고 나가서 바깥 세상을 바라볼 용기가 있죠.
당신이 세계를 구하기 위해 보내진 영웅은 아닐지도 몰라요.
하지만 당신은 적어도 단 한 사람은 구할 수 있을 만큼 용감하고 강해요.
바로 당신 자신이요.

🌸 필기체 쓰기

But you are brave and strong enough to save at least one person: yourself.

courageous 용기 있는   *shell* 껍데기, 껍질

It takes lots of... to...
~하려면 많은 ~가 필요해요

It takes lots of patience **to** succeed.

성공하려면 많은 인내심이 필요해요.

It takes lots of time **to** do that.

그걸 하려면 시간이 오래 걸려요.

It takes lots of courage **to** propose.

청혼을 하려면 많은 용기가 필요하죠.

It takes lots of effort **to** improve your English.

영어를 잘하려면 많은 노력이 필요해요.

It takes lots of guts **to** tell the truth.

진실을 말하려면 배짱이 커야 해요.

써 보기

It takes lots of   to

Anyone can be that courageous.

사람은 누구나 그렇게 용감해질 수 있어요.

나를 위한 작은 습관

◆ ◆ ◆

Start to take on one good habit a day.

Memorize one new English word.

Laugh out loud ten times a day.

Walk up at least one flight of stairs.

Write a three-liner journal. It doesn't have to be long.

And it's okay to give up in just three days.

You can start again the next day.

**Happiness doesn't have to be found
only at the end of the rainbow.**

It's something we can find along the way.

Those small things in life will add up.

하루에 하나씩 좋은 습관을 시작해 보세요.
새로운 영어 단어 한 개씩 외우기, 하루에 열 번 소리 내서 웃기.
최소 한 층은 계단으로 올라가기, 세 줄 일기 쓰기.
길 필요는 없어요. 그리고 3일 만에 포기해도 괜찮아요.
다음날 다시 시작하면 되니까요.
행복이 꼭 무지개 끝에서만 발견되는 것은 아니에요.
그곳으로 가는 길에서도 우리가 찾을 수 있는 어떤 행복이 있어요.
그런 작은 것들이 삶에 점점 쌓여 가게 되는 거죠.

🌸 읽고, 듣고, 쓰기

🌸 필기체 쓰기

Happiness doesn't have to be found only at the end of the rainbow.

flight 총계   *journal* 일기   *add up* 점점 쌓여 가다

It doesn't have to be...
~일 필요는 없어요

It doesn't have to be too spacious.   *spacious* (방 등이) 넓은

공간이 꼭 아주 넓어야 할 필요는 없어요.

It doesn't have to be glamourous.

화려할 필요는 없어요.

It doesn't have to be pretty.

꼭 예뻐야만 하는 것은 아니에요.

It doesn't have to be too wide.

그렇게까지 폭이 넓어야 할 필요는 없어요.

It doesn't have to be expensive.

꼭 비쌀 필요는 없어요.

 써 보기

It doesn't have to be

106

Happiness can be found anywhere, everywhere.

행복은 어디에서나 찾을 수 있다.

다음 기회를 기다리며

◆ ◆ ◆

Those many opportunities
that I chose not to grab
could've turned into something awesome.
Still, I have no regrets,
for I always believe in my choices.
**But next time, I will give it a shot
and see how it goes.
I'll be ready when opportunity knocks.**

내가 잡지 않고 그냥 흘려보냈던 그 많은 기회가
어쩌면 나중에 엄청나게 좋은 뭔가가 될 수 있었을지도 몰라요.
그래도 나는 항상 내 선택을 믿기 때문에 후회는 없어요.
하지만 다음에는 시도해 보고, 어떻게 되는지 볼 거예요.
기회가 문을 두드릴 때 나는 준비가 되어 있을 거예요.

01

🌸 읽고, 듣고, 쓰기

🌸 필기체 쓰기

The next time, I will give it a shot and see how it goes. I'll be ready when opportunity knocks.

grab ~을 움켜쥐다 *awesome* 엄청난, 멋진 *give it a shot* 시도해 보다

I chose not to…
나는 ~를 하지 않기로 했어요

02

I chose not to go there.

나는 거기 가지 않기로 했어요.

I chose not to go out today.

나는 오늘 외출을 하지 않기로 했어요.

I chose not to take the offer.

나는 그 제안을 받아들이지 않기로 했어요.

I chose not to visit NASA this time.

나는 이번에 NASA에 방문하지 않기로 했어요.

I chose not to see her tonight.

나는 오늘 밤 그녀를 만나지 않기로 했어요.

 써 보기

I chose not to

I'll be ready.

난 준비가 되어 있을 거예요.

언젠가 결국
해낼 날이 온다

When will this darkness end?

Will this ever go away? I don't know.

But I know one thing for sure.

If I keep my chin up, things will pick up

sooner rather than later.

So I'll hang in there.

I'll never give up because I know I'll make it.

As a matter of fact, I AM pretty good at it.

이 어둠이 언제 끝날까요?

언젠가 사라지긴 할까요? 잘 모르겠어요.

하지만 난 하나만은 확실히 알고 있어요.

내가 계속 고개를 들고 버티면 상황도 곧 좋아질 거라는 것을요.

그러니 난 버틸 거예요.

절대 포기하지 않을 거예요. 결국엔 내가 해낼 걸 아니까요.

사실은 말이죠, **나는** 꽤 잘 버티거든요.

🌸 읽고, 듣고, 쓰기

🌸 필기체 쓰기

If I keep my chin up, things will pick up sooner rather than later. So I'll hang in there.

pick up 호전되다   *make it* 해내다, 성공하다

... go away...
사라지다/멀리 떠나다

This syrup will make the pain **go away**.

이 시럽을 먹으면 통증이 사라질 거예요.

Jane has **gone away** for a month.

제인이 떠난 지 한 달이 되었어요.

Please **go away** and leave me alone.

제발 가세요, 날 좀 내버려 두라고요.

I might be **going away** this weekend.

나 이번 주말에 어디 다녀올지도 몰라요.

We're **going away** for vacation.

우리는 휴가를 떠나요.

 써 보기

go away

That day will come.

언젠가 그날이 올 거예요,

목표는 세우는 순간부터
이루어지기 시작한다

◆ ◆ ◆

Where do you see yourself in the future?
Try to answer these questions one by one.
What goals do you hope to achieve in your lifetime;
in the month, in five years, or in ten years?
How about… in an hour?
Those goals don't have to be grandiose.
**Every simple and small goal counts as long as
it drives you forward.**

🌸

미래의 당신은 어디에 있을까요?
이 질문에 하나씩 답해 보세요.
당신이 살면서 달성하고자 하는 목표는 무엇인가요?
이번 달의 목표, 5년 뒤의 목표, 10년 뒤의 목표는요?
한 시간 뒤의 목표는 무엇인가요?
목표는 거창하지 않아도 됩니다.
그 모든 단순하고 작은 목표들이 당신을 앞으로 나아가게 한다면
그걸로 의미가 있으니까요.

🌸 읽고, 듣고, 쓰기

🌸 필기체 쓰기

Every simple and small goal counts as long as it drives you forward.

---

achieve ~을 성취하다　*grandiose* 거창한　*count* 중요하다, 의미가 있다

Every... counts.
~는 모두 다 중요해요

Every experience counts.

모든 경험이 다 중요합니다.

Every vote counts.   *vote* 한 표

한 표 한 표가 전부 중요합니다.

Every opinion counts.

모든 의견이 하나같이 중요합니다.

Every minute counts.

1분 1분이 중요합니다.

Everybody counts.

모든 사람이 다 중요해요.

 써 보기

Every _____ counts.

_____

Let's go up!

올라갑시다!

반드시 달성할 나의 목표

1년, 3년, 5년 뒤 이루고 싶은 목표를 적어 보세요.
달성/미달성을 체크해 두면 다시 목표를 세울 때 도움이 될 거예요.

· 1년 뒤 목표 ·

· 3년 뒤 목표 ·

· 5년 뒤 목표 ·

WEEK 6

다시,
사랑하라

DAY

26

당신이라는 모험 속으로 뛰어들게요

♦ ♦ ♦

When I look around, I see you everywhere.
Whatever I lay my eyes on, **there's always you,**
cheering me up as my biggest fan.
Then I just whisper to myself,
"I will be your biggest cheerleader, too."
I'm not too sure if we're meant to be.
But for now, I know what I want,
and I'm willing to take the chance.

주위를 둘러보면 어디에서나 당신이 보여요.
내가 눈길을 주는 모든 것에 항상 당신이 있어요.
가장 열렬한 팬으로 날 응원하는 당신. 그럼 나는 속으로 속삭여요.
"나도 당신의 가장 열성적인 지지자가 될게요"라고.
난 우리가 운명인지 완전히 확신할 수는 없어요.
하지만 지금 나는 내가 원하는 게 뭔지 알고 있고,
기꺼이 모험을 해 볼 거예요.

❀ 읽고, 듣고, 쓰기

❀ 필기체 쓰기

There's always you, cheering me up as my biggest fan. I will be your biggest cheerleader, too.

cheer ~ up ~의 기운을 북돋다 *whisper* 속삭이다 *chance* 기회, 가능성

I'm willing to...
난 기꺼이 ~할 의향이 있어요

I'm willing to help you.

기꺼이 당신을 도울게요.

I'm willing to follow your advice.

기꺼이 당신의 조언을 따를 의향이 있어요.

I'm willing to move to a different country.

난 다른 나라로 이주할 의사가 있어요.

I'm willing to take the job offer.

전 그 일자리 제안을 받아들일 생각이 있어요.

I'm willing to change seats with you.

당신과 자리를 기꺼이 바꿀 의향이 있습니다.

 써 보기

I'm willing to

사랑은 이상해

◆ ◆ ◆

When in love, I get to lose myself.
All I think of is nothing but him/her.
Honestly, I'm not happy being like that.
Every time I fall in love, I become a fool,
but I can't seem to help it.
Maybe it's due to the incomparable and
irresistible excitement that love brings.
And I can't seem to get enough of it.

난 사랑에 빠지면 나 자신을 잃게 돼요.
온통 그 사람 생각뿐이거든요.
솔직히 나도 그런 내 모습이 좋지 않아요.
사랑에 빠질 때마다 바보가 되는데 나도 어쩔 수가 없네요.
아마도 사랑이 주는 비교할 수 없고 거부할 수도 없는 짜릿함 때문이겠죠.
그리고 그 짜릿함은 질리지도 않더라고요.

🌸 읽고, 듣고, 쓰기

🌸 필기체 쓰기

Every time I fall in love, I become a fool, but
I can't seem to help it.

---

can't help it 어쩔 수 없다   *incomparable* 비교할 수 없는   *irresistible* 거부할 수 없는

I'm not happy -ing...
난 ~하는 게 좋지는 않아요

I'm not happy working like this.
나도 이렇게 일하는 게 좋지는 않아요.

I'm not happy staying home all day.
하루 종일 집에 있는 건 기분이 좋진 않아요.

I'm not happy feeling tired all the time.
늘 피곤함을 느끼는 건 좋진 않아요.

I'm not happy being stuck here.
여기에 발이 묶인 건 기분이 별로예요.

I'm not happy talking about my problems.
내 문제들을 이야기하는 게 기분이 좋진 않아요.

 써 보기

I'm not happy

Love is so strange.

사랑은 정말 이상해요.

나를 위해 주는 사람이 있다

◆ ◆ ◆

I used to think that I had no real friends.
**But I came to see that
there have always been some people
who have never given up on me.**
Maybe I was looking in the wrong direction,
never listening to their whispers.
Today, I thank them
for being there for me all the time.

예전에는 나에게 진정한 친구가 없다고 생각했어요.
하지만 날 절대 포기하지 않았던 사람들이
늘 내 주위에 있었다는 것을 알게 되었어요.
어쩌면 내가 엉뚱한 곳만 바라보고
그들의 속삭임에는 귀를 기울이지 않았나 봐요.
오늘 나는 항상 내 곁에서 힘이 되어 준 사람들에게 감사합니다.

🌸 읽고, 듣고, 쓰기

🌸 필기체 쓰기

But I came to see that there have always been some people who have never given up on me.

---

give up on ~에 대한 희망을 버리다   *be there for* ~의 곁에서 힘이 되다

I used to...
난 전에 ~하고는 했어요

I used to enjoy wine a lot.

난 전에는 와인을 많이 좋아했어요.

I used to think that Jane liked me.

예전에 제인이 나를 좋아한다고 생각했어요.

I used to live in Jeju.

난 예전에 제주도에서 살았어요.

I used to eat out a lot.

난 외식을 많이 했었어요.

I used to play baseball.

난 한때 야구를 했었어요.

 써 보기

I used to

132

Hello, my friend.

안녕, 내 친구.

슬프지만 여기까지

◆ ◆ ◆

I did my best,
and I know you did your best
to make this work, too.
But there are things we cannot do anything about
no matter how hard we try.
I accept that we are not meant to be.
Though I'm sad to see our love fade away,
I wish you all the best.

우리 사이를 위해서 나는 최선을 다했어요.
그리고 당신도 최선을 다했다는 것을 알아요.
하지만 우리가 아무리 노력해도 어쩔 수 없는 일들이 있네요.
나는 우리가 인연이 아니라는 걸 받아들이려고 해요.
우리 사랑이 시들어 가는 것을 보는 건 슬프지만
그래도 당신에게 행운이 함께하기를.

🌸 읽고, 듣고, 쓰기

🌸 필기체 쓰기

I accept that we are not meant to be.

do one's best 최선을 다하다 *fade away* 점점 희미해지다 *all the best* (인사말) 행운이 있기를

135

We're meant to…
우리는 ~할 운명이에요

We're meant to work together.

우리는 같이 일할 운명이네요.

We're meant to love each other.

우리는 서로를 사랑할 운명인 거죠.

We're meant to be together.

우리는 함께할 운명이에요.

We're meant to come here again.

우리가 여기 다시 올 운명이었던 거죠.

We're meant to live together.

우리는 함께 살 운명이에요.

 써 보기

We're meant to

This must be it, but...

이걸로 끝이겠죠. 그렇지만….

여전히 보고 싶은 마음을
감싸 안으며

I miss you. No doubt.
I do nothing but miss you,
and that's how I spend my time.
After all this suffering,
I know a new phase will begin for me.
Losing you is heartbreaking,
but I will embrace it, too.

당신이 보고 싶어요. 그건 분명하죠.
난 오로지 당신을 그리워하는 것으로만 시간을 보내고 있어요.
이 아픔이 모두 지나가고 나면 나에게도 새로운 단계가 시작되겠죠.
당신을 잃는 것은 가슴이 찢어지는 것 같지만
나는 그 아픔마저도 감싸 안을래요.

🌸 읽고, 듣고, 쓰기

🌸 필기체 쓰기

After all this suffering, I know a new phase
will begin for me.

---

doubt 의심 *suffering* 고통 *embrace* ~을 받아들이다, 끌어안다

... nothing but...
~말고는 아무것도

I did nothing but play games all day.

난 하루 종일 오지 게임만 했어요.

We did nothing but cook meals.

우리는 오직 식사를 만드는 것만 했죠.

I bought nothing but this hat.

난 다른 것 말고 이 모자만 샀어요.

We sang nothing but love songs.

우리는 사랑 노래만 불렀어요.

She said nothing but a short *hello*.

그녀는 다른 말은 없이 "안녕하세요"라고만 했어요.

 써 보기

nothing but

New Phase

새로운 단계

내가 가장 사랑하는 것

당신이 정말 아끼고 사랑하는 것은 무엇인가요?
사람이나 물건, 장소, 동물 등 이유와 함께 적어 보세요.

· 미울 때도 있지만 항상 나를 응원해 주는 우리 가족

· 나를 보면 꼬리를 흔들며 달려오는 우리 강아지

· 장미가 활짝 핀 집 근처 공원

·

·

·

·

·

·

WEEK 7

작지만
위대한 도전

저질러요, 지금 당장!

◆ ◆ ◆

Do you miss someone? Just call.

Do you have a question? Just ask.

Do you love someone? Just tell that person.

Do you want to meet up with someone?

Just invite that person.

If you'd like to receive a letter from someone,

write that person a letter first.

Just do it.

You've done enough thinking already.

Now get up and move!

그리운 사람이 있나요? 그럼 전화하세요.

질문이 있나요? 그럼 물어보세요.

누군가를 사랑하나요? 그럼 그 사람에게 말하세요.

누군가와 만나 보고 싶나요? 그럼 그 사람을 초대하세요.

누군가로부터 편지를 받고 싶다면 당신이 먼저 그 사람에게 편지를 쓰세요.

그냥 하는 거예요.

생각은 그만하면 충분해요. 이제 일어나 움직이세요!

🌸 읽고, 듣고, 쓰기

🌸 필기체 쓰기

Just do it. You've done enough thinking already. Now get up and move!

meet up with ~와 만나다   *receive* ~을 받다

You've done enough -ing…
당신은 충분히 ~했어요

You've done enough talking.

그만하면 충분히 이야기했어요.

You've done enough trying.

그만하면 충분히 노력했어요.

You've done enough waiting.

당신은 충분히 기다렸어요.

You've done enough guessing.

그만하면 추측은 충분히 했어요.

You've done enough doubting.

그만하면 의심은 충분히 했어요.

 써 보기

You've done enough

The light's on. It's time.

불이 켜졌다. 때가 되었다.

하늘도 나를 도울 거예요

♦ ♦ ♦

I believe that heaven helps those
who help themselves.
If I just wait around and do nothing,
there'll never be another chance for me.
So I will get up now and give it another try.
Then finally, heaven will notice
and start helping me.

나는 '하늘은 스스로 돕는 자를 돕는다'라는 말을 믿어요.
만일 내가 그냥 기다리기만 하고 아무것도 하지 않는다면
나에게 또 다른 기회는 절대 없을 거예요.
그러니 이제 박차고 일어나 다시 한번 시도해 보려고요.
그러면 마침내 하늘도 알아채고 나를 돕기 시작하겠죠.

🌸 읽고, 듣고, 쓰기

🌸 필기체 쓰기

I will get up now and give it another try. Then finally, heaven will notice and start helping me.

I believe...
난 ~라고 믿어요

I believe we can get through this.   *get through* ~을 견뎌 내다

난 우리가 이 일을 이겨 낼 거라고 믿어요.

I believe we should support one another.

난 우리가 서로를 지지해야 한다고 생각해요.

I believe they will like our idea.

난 그들이 우리의 아이디어를 좋아할 거라고 생각해요.

I believe we can make a profit this month.

난 우리가 이 달에 수익을 낼 수 있을 거라고 믿어요.

I believe I can get there in no time.

내가 거기에 금방 도착할 수 있을 거예요.

 써 보기

I believe

Heaven helps me.

하늘이 나를 돕는다.

안개 낀 날에는
한 걸음씩만 앞으로

I wish rain would come and wash away the dirt.
This blurry sight often frustrates me.
It's hard to look further ahead.
Nothing much is in sight.
So I decide to focus on
what's right in front of me for now
and take one step at a time.
Slowly and carefully.

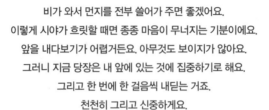

비가 와서 먼지를 전부 쓸어가 주면 좋겠어요.
이렇게 시야가 흐릿할 때면 종종 마음이 무너지는 기분이에요.
앞을 내다보기가 어렵거든요. 아무것도 보이지가 않아요.
그러니 지금 당장은 내 앞에 있는 것에 집중하기로 해요.
그리고 한 번에 한 걸음씩 내딛는 거죠.
천천히 그리고 신중하게요.

🌸 읽고, 듣고, 쓰기

🌸 필기체 쓰기

So I decide to focus on what's right in front of me for now and take one step at a time.

sight 시야 *frustrate* 좌절감을 주다 *further* 더 멀리

It's hard to...
～하기는 어려워요

It's hard to understand him.

그를 이해하기 어려워요.

It's hard to tell how old she is.   *tell* 판단하다

그녀의 나이는 가늠하기가 어렵네요.

It's hard to believe that story.

그 이야기는 믿기 힘드네요.

It's hard to find time to see my friends.

친구들을 만날 시간을 내기가 힘드네요.

It's hard to keep calm all the time.

항상 평정을 유지하는 건 어려워요.

 써 보기

It's hard to

154

One step at a time.

한 번에 한 걸음씩.

위험을 감수할 각오

◆ ◆ ◆

It takes a lot to stand up for myself
because I would have to take all the risks.
My reputation may be damaged.
I may lose some people.
But those risks are worth taking
if I could speak up and stand up for myself.
So never back down.

내 의견을 굽히지 않고 주장하는 것은 꽤나 힘든 일이에요.
왜냐하면 모든 위험을 내가 감당해야 하니까요.
내 평판에 금이 갈 수도 있고 어쩌면 누군가를 잃게 될지도 몰라요.
하지만 나를 위해서 목소리를 내고 나서야만 한다면
그런 위험은 감수할 가치가 있습니다.
그러니 절대 뒤로 물러서지 마세요.

🌸 읽고, 듣고, 쓰기

🌸 필기체 쓰기

But those risks are worth taking if I could

speak up and stand up for myself.

stand up for oneself 남에게 좌우되지 않다 *speak up for* ~을 강하게 변호하다 *back down* 물러서다

157

be worth -ing...
~할 만한 가치가 있어요

The food there was worth waiting for.
거기 음식은 기다려서 먹은 보람이 있었어요.

The museum is worth visiting.
그 박물관은 가 볼 만해요.

The house was not worth buying.
그 집은 살 만한 가치가 없었어요.

There's not much worth reading.
거기는 읽을 만한 게 별로 없어요.

It's worth checking the details before you sign the contract.
계약서에 서명하기 전에 세부사항을 확인해 둘 만해요.

 써 보기

worth

Never back down.

절대 뒤로 물러서지 말아요.

오늘은 '들어 주는 날'

◆ ◆ ◆

People can't wait to tell their own stories.
And they're not good at listening.
But what if, even for just one day,
we keep our mouths shut,
just listen to what others have to say
and keep our minds open, not just our ears.
I mean, wouldn't it be nice
if you had someone to talk to?
Tonight, we can all be that someone for others.

사람은 모두 자기 이야기를 하고 싶어 하죠.
그리고 듣는 것에 서툴러요.
하지만 우리가 만약에 단 하루만이라도
입을 다물고 다른 사람의 이야기를 들어 주면 어떨까요.
귀만 여는 게 아니라 마음도 열고 말이에요.
그러니까 내 말은, 누군가 대화할 사람이 있다는 건 좋은 일 아니겠어요?
오늘 밤 우리 모두는 다른 사람에게 그런 누군가가 되어 줄 수 있어요.

🌸 읽고, 듣고, 쓰기

🌸 필기체 쓰기

Just listen to what others have to say, and keep our minds open, not just our ears.

can't wait 몹시 바라다   *others* 다른 사람들/것들

... can't wait to...
빨리 ~하고 싶어요

I can't wait to meet her.
그녀를 어서 빨리 만나고 싶어요.

He can't wait to work with you soon.
그는 당신과 일하는 것을 고대하고 있습니다.

I can't wait to visit the Eiffel Tower.
에펠탑에 가는 게 정말 기다려져요.

I can't wait to taste the pie!
그 파이를 어서 맛보고 싶어요!

She can't wait to see the movie.
그녀는 그 영화를 빨리 보고 싶어 해요.

 써 보기

can't wait to

162

Just listen for the day.

오늘은 들어 주는 날.

→》》 *Bring It On!* 《《←

하나씩 도전해 보세요

아래 리스트에서 하루에 하나씩 골라 도전해 보세요.
도전에 성공하면 앞쪽 박스에 체크하세요.

☐ 30분 동안 핸드폰 보지 않기

☐ 명상 음악 들으면서 하루 정리하기

☐ 일어나서 따뜻한 물 한 잔 마시기

☐ 팝송 가사 끝까지 써 보기

☐ 2시간에 한 번씩 가벼운 스트레칭하기

☐ 영어 동화 한 편 읽기

☐ 영어로 세 문장 일기 쓰기

☐ 오늘은 걷는 날! 엘리베이터 타지 않기

☐ 5천 보 이상 걷기

WEEK 8

그래도
인생은
아름답다

'지금 그리고 여기'에
집중하기

Let's say there's a cup with a little water in it.
If you see the cup is still half full,
your mind is set in the future.
If you see the cup is already half empty,
your mind is set in the past.
**Why not just lift the cup
and drink the water right away?
Then your mind will be fully set
in the present.**

물이 조금 들어 있는 컵이 있다고 칩시다.
만일 그 컵이 여전히 반이나 차 있다고 생각한다면
당신의 마음은 미래에 맞춰져 있는 거예요.
만일 그 컵이 벌써 반이나 비었다고 생각한다면
당신의 마음은 과거에 맞춰져 있는 거고요.
그냥 그 컵을 들어서 물을 바로 마셔버리는 게 어때요?
그럼 당신의 마음은 현재에 온전히 맞춰지게 될 거예요.

🌸 읽고, 듣고, 쓰기

🌸 필기체 쓰기

Why not just lift the cup and drink the water right away? Then your mind will be set in the present.

Let's say...
예를 들어 ~라고 가정해 봅시다

02

Let's say it's winter right now.

예를 들어 지금 겨울이라고 칩시다.

Let's say we're a married couple.

예를 들어 우리가 부부라고 가정해 볼게요.

Let's say you want to quit your job.

예를 들어 당신이 일을 그만두고 싶다고 가정해 보죠.

Let's say a movie has just started.

예를 들어 영화가 지금 막 시작했다고 칩시다.

Let's say I'm your friend.

예를 들어 내가 당신의 친구라고 생각해 봐요.

 써 보기

Let's say

Here and Now

지금 그리고 여기

모두 다른 행복의 모습

◆ ◆ ◆

To some people, big money can mean happiness.
To others, it's love that brings them happiness.
**Happiness comes in all different shapes
and sizes.** And it's up to you
to decide which one to choose.
Isn't that a good enough reason for us to stop
comparing ourselves to others?
Trying to keep up with the Joneses
will never get you anywhere.
Find your own happiness.

어떤 사람들에겐 큰돈이 행복을 의미할 수 있죠.
또 다른 사람들에겐 사랑이 행복을 줄 수도 있고요.
행복은 각각 다른 모양과 크기로 찾아와요.
그중 어떤 것을 선택할지는 당신에게 달려 있습니다.
바로 이게 남과 나를 비교하는 것을 멈춰야 하는 아주 좋은 이유이지 않을까요?
다른 사람들의 뒤를 쫓기만 하는 것은 아무 의미도 없는 일이에요.
당신만의 행복을 찾으세요.

🌸 읽고, 듣고, 쓰기

🌸 필기체 쓰기

Happiness comes in all different shapes and sizes. Find your own happiness.

---

be up to ~에 달려있다   *Joneses* (사회적 지위가 비슷한) 사람들, 이웃들

... come in all different shapes and sizes.
~는 모두 다른 모양과 크기로 나와요

These pants **come in all different shapes and sizes.**

이 바지는 모양과 크기가 다르게 나와요.

This blouse **comes in all different shapes and sizes.**

이 블라우스는 다 다른 모양과 사이즈로 만들어져 나와요.

Houses here **come in all different shapes and sizes.**

여기 집들은 모두 형태와 크기가 다릅니다.

Family **comes in all different shapes and sizes.**

가족의 형태와 규모는 각기 다릅니다.

Colleges **come in all different shapes and sizes.**

대학은 다 다른 모습과 규모로 만들어져요.

 써 보기

come in all different shapes and sizes.

Happiness
comes in all different shapes and sizes.

행복은 각각 다른 모양과 크기로 찾아와요.

나는 내 삶을 쓰는 작가

♦ ♦ ♦

Imagine yourself writing your own biography
someday way into the future,
looking at yourself as a teenager
and then in your 20s, 30s, and 40s…
How would you like to be described at those times?
In a glamorous way like the vivid colors
of the rainbow or in a rather soft yet
subtle way like hazy water in a lake?
**Today will be the first chapter
and tomorrow the second.**
So let's try to make the best out of our times!

먼 미래의 어느 날 자서전을 쓰고 있는 당신을 상상해 보세요.
10대, 20대, 30대 그리고 40대의 자신을 바라보며….
그 시절 자신이 어떻게 그려지기를 원하나요?
선명한 무지개 빛깔처럼 화려하게?
아니면 안개가 끼어 흐릿한 호수의 물처럼 부드럽지만 묘하게?
오늘은 그 첫 번째 장이 될 것이고 내일은 두 번째 장이 되겠지요.
그러니 우리의 시간을 최고로 만들기 위해 노력해 봅시다!

🌸 읽고, 듣고, 쓰기

🌸 필기체 쓰기

Today will be the first chapter and tomorrow the second.

---

biography 일대기   *glamorous* 화려한   *vivid* 선명한   *hazy* 흐린

Imagine yourself -ing...
~하는 당신을 상상해 보세요

Imagine yourself working here.

이곳에서 일하는 당신을 상상해 보세요.

Imagine yourself enjoying a vacation on the beach.

해변에서 휴가를 즐기는 당신을 상상해 보세요.

Imagine yourself living in this house.

이 집에서 살고 있는 당신의 모습을 상상해 보세요.

Imagine yourself speaking on this stage.

이 무대에서 발언을 하고 있는 당신을 상상해 보세요.

Imagine yourself helping others.

다른 사람들을 돕는 당신을 상상해 보세요.

 써 보기

Imagine yourself

Life is what you make of it.

인생은 자기가 만들기 나름이다.

쿨하게 산다는 건

◆ ◆ ◆

Do you need to be "cool" all the time?
I'd rather face my true feelings and
take them as they are than be pretentious.
If you keep trying to put on the "cool look,"
it'll only eat you up from the inside.
**So why not just admit your anger and
embarrassment and move on from there?**
We do not need fake coolness to live a good life.
That's the real truth about being cool.

언제나 '쿨'해야만 할까요?
난 그런 허세를 부리기보다 차라리 내 진짜 감정을 똑바로 보고
있는 그대로 받아들이겠어요.
당신이 '쿨하게 보이려고' 계속 애쓴다면
당신의 내면에서부터 갉아먹히게 될 뿐이에요.
그러니 그냥 자신의 분노와 창피함을 인정한 다음에
거기서부터 다시 시작해 보세요.
잘 살아가기 위해서 '가짜 쿨함'은 우리에게 필요 없으니까요.
그게 바로 '쿨함'의 진짜 모습입니다.

🌸 읽고, 듣고, 쓰기

🌸 필기체 쓰기

So why not just admit your anger and embarrassment and move on from there?

---

pretentious 허세 부리는   *admit* ~을 인정하다   *embarrassment* 창피함

I'd rather...
나는 차라리 ~하겠어요

I'd rather take the bus.

난 그냥 버스를 탈래요.

I'd rather stay home.

전 그냥 집에 있겠습니다.

I'd rather have some tea.　*have* ~을 먹다, 마시다

난 그냥 차를 마시겠어요.

I'd rather not eat at all.

차라리 난 아예 안 먹겠어요.

I'd rather not try it.

난 차라리 그걸 시도하지 않을래요.

 써 보기

I'd rather

You know what?
I'm NOT cool.

그거 알아? 난 쿨하지 않아.

오늘보다
한 뼘 더 나은 나

◆ ◆ ◆

Who do I compete against?

Do I have a rival to fight against?

Do I have anyone that I want to beat?

Is there any point in a rivalry?

Not really.

I only have myself of yesterday to compare with.

If I got better in any sense today,

that makes me a true winner.

난 누구를 상대로 경쟁을 하고 있을까?

내가 맞서 싸워야 할 라이벌이 있나?

내가 이기고 싶은 사람이 있긴 한가?

경쟁이란 게 어떤 의미가 있기는 할까요?

사실은 없어요.

내가 비교해야 할 대상은 오직 어제의 나 자신뿐이니까요.

어떤 의미에서든 오늘의 내가 더 나아졌다면

그것으로 나는 진정한 승자입니다.

🌸 읽고, 듣고, 쓰기

_____

_____

_____

_____

_____

_____

_____

_____

_____

🌸 필기체 쓰기

If I got better in any sense today, that makes me a true winner.

_____

_____

compete 경쟁하다   *beat* ~를 이기다   *sense* 의미

Is there any point in...?

~하는 게 무슨 소용이 있나요?

02

Is there any point in doing the survey?

설문조사를 하는 게 소용이 있나요?

Is there any point in learning this language?

이 언어를 배우는 게 쓸모가 있을까요?

Is there any point in getting a driver's license?

운전면허를 취득하는 게 의미가 있을까요?

Is there any point in buying stocks now?

지금 주식을 사는 게 의미가 있을까요?

Is there any point in cleaning this place?

여기를 치우는 게 의미가 있을까요?

 써 보기

Is there any point in

Nice to meet a better me.

만나서 반가워, 더 나은 나.

나만의 버킷리스트

'버킷리스트'는 죽기 전에 꼭 하고 싶거나
해야 하는 일을 적은 목록을 의미해요.
당신이 이루고 싶은 버킷리스트를 적어 보세요.

· **이집트 피라미드 앞에서 사진 찍기**

· **번지 점프 하기**

· **피아노 배우기**

· **부모님과 해외 여행 가기**

·

·

·

·

·

>>>> **Famous Quotes** <<<<

필사하고 싶은
영어 명언 12

—• 01 •—

Paradise is where I am.

내가 있는 곳이 낙원이다.

by Voltaire

—• 02 •—

It is impossible to live without failing at something unless you live so cautiously that you might as well not have lived at all-in which case, you fail by default.

어떤 일에 실패하지 않고 산다는 것은 불가능합니다.
인생을 살지 않는 것과 다름 없을 정도로 조심하면서 살지 않는다면요.
그러니까 여러분이 실패하는 게 기본인 거예요.

by J.K. Rowling

—• 03 •—

You only live once, but if you do it right, once is enough.

인생은 단 한 번뿐입니다만,
당신이 제대로 한다면 한 번으로 충분합니다.

by Mae West

I've learned that people will forget what you said,
people will forget what you did, but people will never
forget how you made them feel.

나는 사람들이 당신이 했던 말과 행동을 잊어버릴 거라는 걸 알게 되었다.
하지만 사람들은 결코 당신이 그들에게 느끼게 했던 감정을 잊지는 않을 것이다.

by Maya Angelou

Don't walk in front of me. I may not follow.
Don't walk behind me. I may not lead.
Walk beside me… Just be my friend.

나보다 앞서 걷지 마세요. 내가 따라가지 못할 수도 있어요.
내 뒤에서 걷지 마세요. 내가 잘 이끌지 못할지도 몰라요.
내 옆에서 걸어 주세요. 그냥 내 친구가 되어 주세요.

by Albert Camus

Darkness cannot drive out darkness:
only light can do that. Hate cannot drive out hate:
only love can do that.

어둠은 어둠을 몰아낼 수 없어요. 오직 빛만이 그럴 수 있죠.
증오는 증오를 몰아낼 수 없습니다. 오직 사랑만이 그렇게 할 수 있죠.

by Martin Luther King Jr.

— 07 —

It is better to be hated for what you are
than to be loved for what you are not.

나 자신이 아닌 것으로 사랑 받는 것보다
나 자신 그대로 미움 받는 것이 낫다.

by Andre Gide

— 08 —

You know you're in love
when you can't fall asleep
because reality is finally better than your dreams.

잠이 오지 않을 때 당신은 사랑에 빠져 있다는 것을 알게 된다.
왜냐하면 마침내 현실이 꿈보다 더 좋기 때문이다.

by Dr. Seuss

— 09 —

Imperfection is beauty, madness is genius
and it's better to be absolutely ridiculous
than absolutely boring.

불완전한 것이 곧 아름다움이고, 광기는 천재적인 거예요.
완전히 지루할 바에는 완전히 우스꽝스러운 것이 더 나아요.

by Marilyn Monroe

There are only two ways to live your life.
One is as though nothing is a miracle.
The other is as though everything is a miracle.

인생을 살아가는 방법에는 두 가지가 있습니다.
하나는 그 어떤 것도 기적이 아닌 것처럼 사는 것이고
다른 하나는 마치 모든 것이 기적인 것처럼 사는 것이죠.

by Albert Einstein

—— · *11* · ——

Be yourself: everyone else is already taken.

당신 자신이 되어라. 다른 사람은 이미 다 주인이 있다.

by Oscar Wilde

—— · *12* · ——

It is what you read when you don't have to that
determines what you will be when you can't help it.

당신이 꼭 독서를 할 필요가 없을 때 읽은 것이
어쩔 수 없는 상황일 때 당신이 무엇이 될 것인지 결정해 줄 것이다.

by Oscar Wilde